바다와 사막을 가로지르고,
강과 산을 따라 흐르는 선.

새와 물고기는 자유로이 넘나들지만,
배와 비행기는 그럴 수 없는 선.

지식곰곰 07

국경

구돌 글 ◆ 해랑 그림

세계 지도를 펼치면 나라와 나라가 퍼즐처럼 맞물려 있어요.
200개도 넘는 나라가 지구 위의 땅을 빈틈없이 나누어 가졌거든요.
지도를 찬찬히 들여다보면 구불구불 굽은 선도 있고 반듯반듯 곧은 선도 있어요.
이렇게 나라와 나라를 가르는 선, 한 나라를 에워싼 선을 국경이라고 해요.
이 선을 넘어 본 적이 있나요?

국경을 넘을 때는 먼저 허락을 받아야 해요.
내가 누구인지 알려 주는 여권을 보여 주고,
그 나라에 들어와도 좋다는 허가증인 비자를 받아야 하지요.
전염병이 돌 때는 체온을 재고 소독하는 검역을 거쳐요.

세관에서는 그 나라에 들여오면 안 되는 짐이 있는지 살펴봐요.
병충해를 옮길 수 있는 식물이나 과일, 씨앗은 다른 나라에 가져갈 수 없어요.
동물은 미리 까다로운 검사를 거쳐야 데려갈 수 있지요.

열려 있던 문이 갑자기 닫히기도 하고,
닫혀 있던 문이 어느 순간 열리기도 하지요.

시리아
터키

국경은 다른 세계와 만나는 곳이에요.

한국 | 중국

국경을 넘으면 말과 글이 달라지고,

투르크메니스탄 | 이란

쓰는 돈이 달라져요.

그리스 | 터키

먹는 음식이 달라지기도 하고,

이집트 | 수단

옷차림이나 피부색이 달라지기도 하지요.

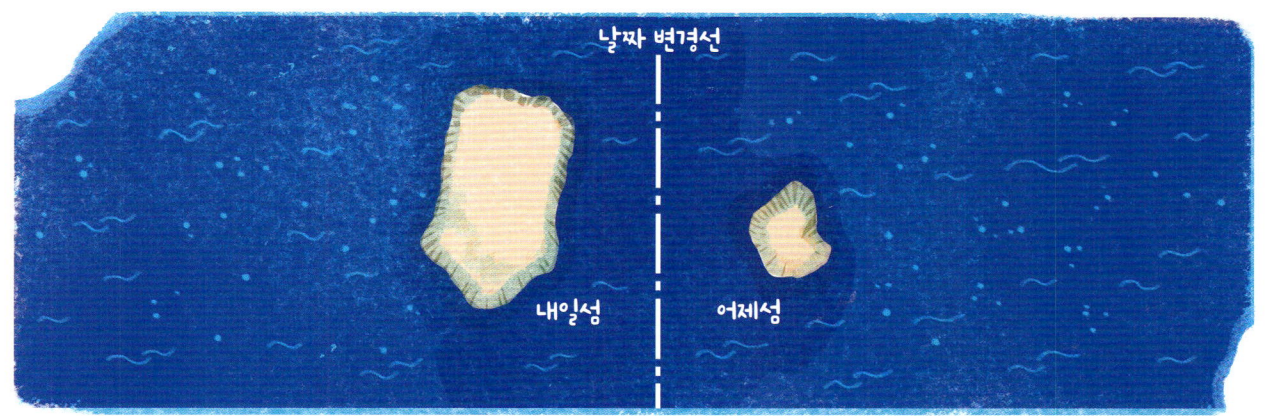

날짜가 바뀌기도 하고,　　　　　　　　　　　러시아 | 미국

종교가 달라지기도 해요.　　　　　　　　　　인도 | 파키스탄

같은 뜻을 나타내는 몸짓이 서로 다를 수도 있고,　　중국 | 한국 | 일본

운전석 위치가 반대가 되기도 하지요.　　　　　베네수엘라 | 가이아나

국경은 이웃한 두 나라의 관계를 보여 줘요.
한 나라의 국경이라도 이웃한 나라에 따라
전혀 다른 모습을 보이기도 하지요.
바로 이 나라처럼 말이에요.

캐나다 | 미국

미국 | 멕시코

국경은 이웃 나라 사람들과 만나는 곳이에요.
어떤 국경에서는 이웃 나라 사람들이 만나
서로 필요한 물건을 사고파는 장이 열리기도 하지요.

아프가니스탄
타지키스탄

아시아에서 유럽에서 아프리카에서 남미에서
다양한 국경 시장이 열리고 있어요.

에콰도르
페루

국경은 이웃 나라 사람들이 섞여 살아가는 곳이에요.
국경 마을 사람들은 국경을 넘어 학교에 다니거나 출퇴근을 하지요.
물건을 잔뜩 실은 차들은 아침부터 저녁까지 바쁘게 국경을 넘나들어요.

이 메콩강 주변 나라들은 국경의 문턱을 점점 낮추고 있어요.
출입국 절차는 간단하게 바꾸고 통행료는 줄였지요.
이웃 나라 사람들이 더 쉽게 드나들 수 있도록 하는 것이
서로에게 도움이 되기 때문이에요.

아예 국경을 허물고 한 나라처럼 지내는 곳도 있어요.
처음엔 여섯 나라로 시작해서 스물여덟 나라가 국경을 열었고,
최근에 한 나라가 다시 문을 닫았어요.

유럽에서는 지난 20년 동안 사람과 물건이 국경 없이 오고 갔어요.
스무 나라가 중앙은행을 만들어 같은 돈을 쓰고 있고,
스물일곱 나라 국민들은 그 안에서
자유롭게 일을 하거나 이사를 할 수 있어요.

이곳에는 나라와 나라 사이에 검문소나 장벽이 없어요.
깃발과 표지판, 비석과 도로에 그려진 선,
때로는 벤치나 나뭇가지가 국경을 나타내지요.

어떤 국경은 한 마을을 수십 조각으로 나누고 있어요.
건물과 도로를 가로질러 국경이 지나가고,
문과 식탁 아래로 국경이 지나가요.
마을 사람들은 하루에도 수십 번씩
두 나라 국경을 넘어 다녀요.

바를러에는 시장이 두 명이에요.
시청도 두 개, 우체국도 두 개씩 있어요.
마을 이름도 두 개, 표지판도 두 개, 교회도 두 개씩이지요.
두 나라 국민이 한 마을에서 어우러져 지내지만,
아무 문제 없이 평화롭게 살아가요.

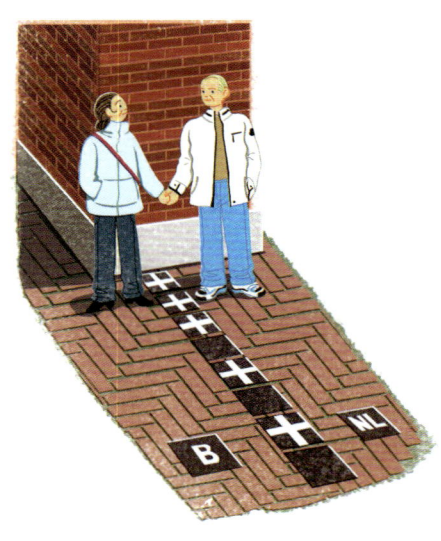

그러나 모든 국경에서 이웃과 쉽게 만날 수 있는 건 아니에요.
어떤 국경은 세계에서 가장 큰 사막인 사하라를 가로지르고,
어떤 국경은 세계에서 가장 높은 산맥인 히말라야를 타고 흐르거든요.

때로는 긴 강이, 때로는 거대한 폭포가,
때로는 무성한 숲이, 때로는 드넓은 바다가
나라와 나라 사이를 자연스럽게 갈라놓아요.

짐바브웨
잠비아

구름을 뚫고 솟아오른 산봉우리에도,
햇볕이 지글대는 사막에도 길이 있어요.
하늘과 땅을 뒤흔들며 쏟아지는 거대한 폭포 위에도,
바다를 사이에 두고 갈라진 땅에도 길이 있어요.
먼 옛날부터 지금까지 사람들이 국경을 넘나들기 위해 낸 길이에요.

스웨덴
댄마크

사람들은 아주 오래전부터 국경을 넘었어요.

상인들이 진귀한 물건을 가지고 국경을 넘고,

종교인들이 신과 함께 국경을 넘고,

다른 세상이 궁금했던 탐험가가 국경을 넘었어요.

욕심 많은 침략자가 국경을 넘고,

식민지가 된 나라를 구하려는 독립운동가가 국경을 넘고,

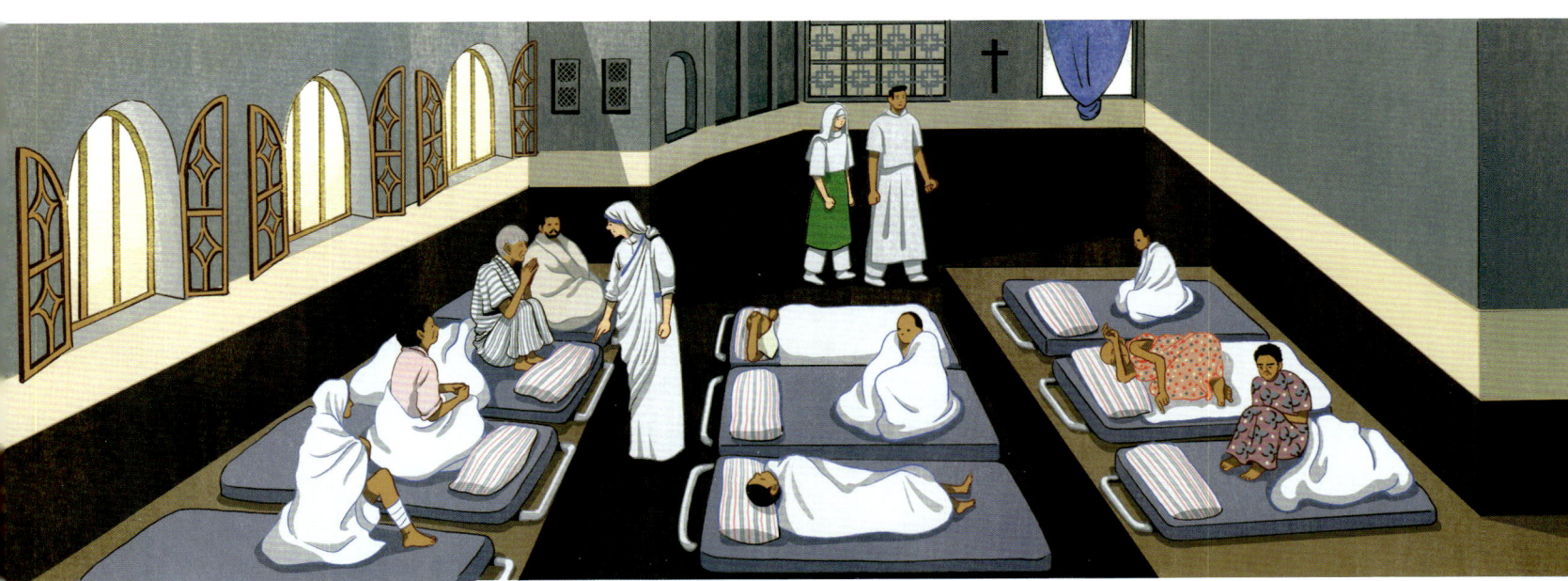

아픈 사람들을 도우려는 의사와 간호사가 국경을 넘었지요.

사람들은 지금도 끊임없이 국경을 넘고 있어요.
학생들이 공부를 하려고 국경을 넘고,
노동자들이 일자리를 찾아 국경을 넘어요.
호기심 많은 여행자가 국경을 넘고,
더는 고향에서 살 수 없게 된 난민들이 국경을 넘고 있지요.

그러나 국경을 넘는 사람들을 막아서는 것이 있어요. 바로 국경 장벽이에요.

종교가 다르다는 이유로, 종족이 다르다는 이유로, 자원을 둘러싼 다툼 때문에,

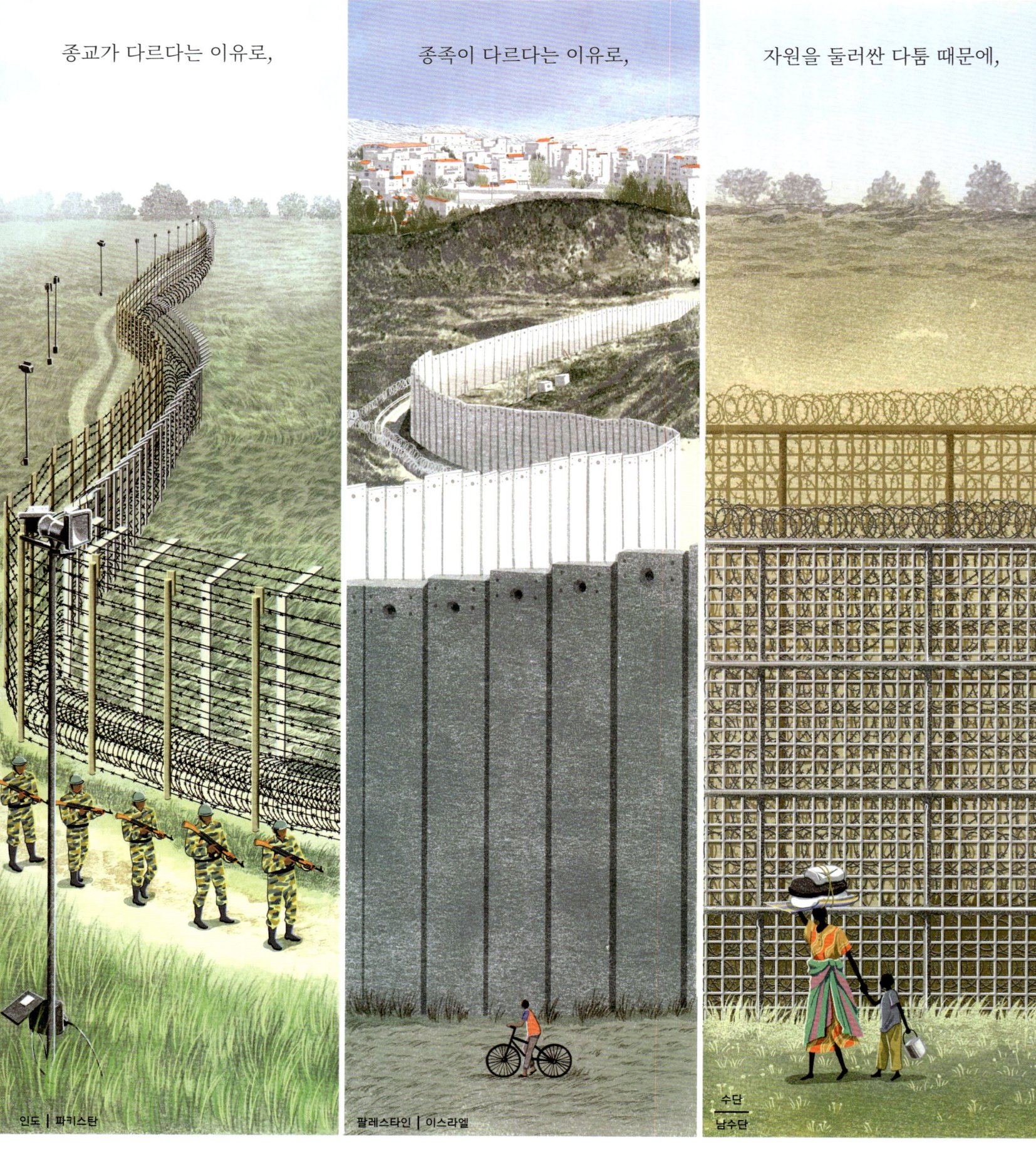

인도 | 파키스탄
팔레스타인 | 이스라엘
수단 | 남수단

사람들은 국경에 길고 높은 장벽을 만들었어요.
지금 세계 곳곳에는 70개가 넘는 국경 장벽이 세워져 있어요.

독일 민주 공화국(동독)
독일 연방 공화국(서독)

한 나라를 둘로 갈라놓은 장벽도 있어요.
같은 말을 쓰고 같은 문화를 가진 사람들을
헤어져 살게 만든 장벽이지요.
독일 사람들은 그 장벽을 무너뜨렸어요.
둘에서 하나가 되기까지 40년이 걸렸지요.

그러나 70년이 넘도록 다시 하나가 되지 못한 민족도 있어요.
어린아이가 노인이 될 만큼 긴 세월이 흘렀지만,
헤어진 가족들은 아직도 장벽 너머에서 서로를 그리워해요.

조선 민주주의 인민 공화국
대한민국

국경은 사라지기도 하고 새롭게 생겨나기도 해요.
2002년 동티모르를 시작으로 다섯 나라가 독립을 하면서,
세계 지도 위에 새로운 국경선이 생겨났어요.

팔레스타인의 위대한 귀향 행진

지도에서 국경선이 사라진 나라도 있어요.
국경선이 사라졌다는 건 나라가 없어졌다는 뜻이에요.
이들은 지금도 빼앗긴 나라를 되찾으려 애쓰고 있지요.

이스라엘
팔레스타인

국경은 크고 작은 다툼이 일어나기 쉬운 곳이에요.
국경은 단순히 땅 위에 그어 놓은 선이 아니거든요.
눈에 보이지는 않지만 하늘과 땅, 그리고 바닷속까지 뻗어 있지요.

땅과 바다에는 석유, 천연가스, 광물, 해양 동식물 같은 귀중한 자원이 있어요.
많은 나라가 자원을 지키기 위해, 또는 더 차지하기 위해 다투곤 하지요.
국경선에 대한 생각이 다르면, 가까운 이웃 나라라 해도 사이가 나빠질 수 있어요.

아르헨티나 | 칠레

사람들은 국경에 평화가 깃들도록 노력하고 있어요.
영토를 둘러싸고 오랜 다툼이 있었던 국경에는 예수상을 세웠고,
종교로 갈라졌던 두 나라는 매일 국경에서 만나 국기 하강식을 열어요.

파키스탄
인도

예술가들은 국경 장벽에 예술 작품을 설치하고,

이스라엘
팔레스타인

종교인들은 국경 장벽을 둘러싸고 미사를 드리기도 하지요.

미국
멕시코

아무리 높고 험한 장벽도 막을 수 없는 것이 있어요.
비행기와 배는 함부로 국경을 넘을 수 없지만,
계절을 따라 이동하는 철새와 물고기는 국경을 모르지요.

사람이 살아가는 데 가장 중요한 공기와 물도 국경을 자유롭게 넘나들어요.
이웃 나라에서 날아 온 황사와 미세 먼지 때문에 우리 집 창문을 열 수 없고,
우리나라 공장에서 내뿜은 오염된 공기는 산성비가 되어 이웃 나라에 내리지요.

바다 건너에서 일어난 원전 사고로 방사능에 오염된 생선이 우리 집 식탁에 오르고,
온실가스 때문에 빙하가 녹아내려 태평양의 섬나라가 물에 잠기고 있어요.

우리는 모두 국경을 넘어 이어져 있어요.
도로와 철도와 항로, 송유관과 가스관이
나라와 나라, 도시와 도시를 잇고 있어요.

또한 인터넷과 전파가 지구에 있는 모든 사람들을 연결해 줘요.
다른 나라에서 일어나는 일을 바로 알 수 있고,
지구 반대편에 있는 사람과도 얼굴을 보며 대화할 수 있지요.

우리는 국경을 넘어온 음식을 먹고, 국경을 넘어온 물건을 써요.
국경을 넘어온 책을 읽고, 국경을 넘어온 음악을 들어요.
주변을 둘러보세요. 우리를 둘러싼 많은 것들이 국경을 넘어온 것들이에요.

국경을 넘은 건 사람들만이 아니에요.
종교와 철학이, 문화와 예술이, 과학과 기술이
먼 옛날부터 지금까지 국경을 넘나들며 우리의 삶을 풍요롭게 만들었지요.
우리는 이렇게 국경을 넘어온 많은 것들 속에서 살아가고 있어요.

200개가 넘는 이웃 나라와 함께,
지구라는 하나의 별에서.

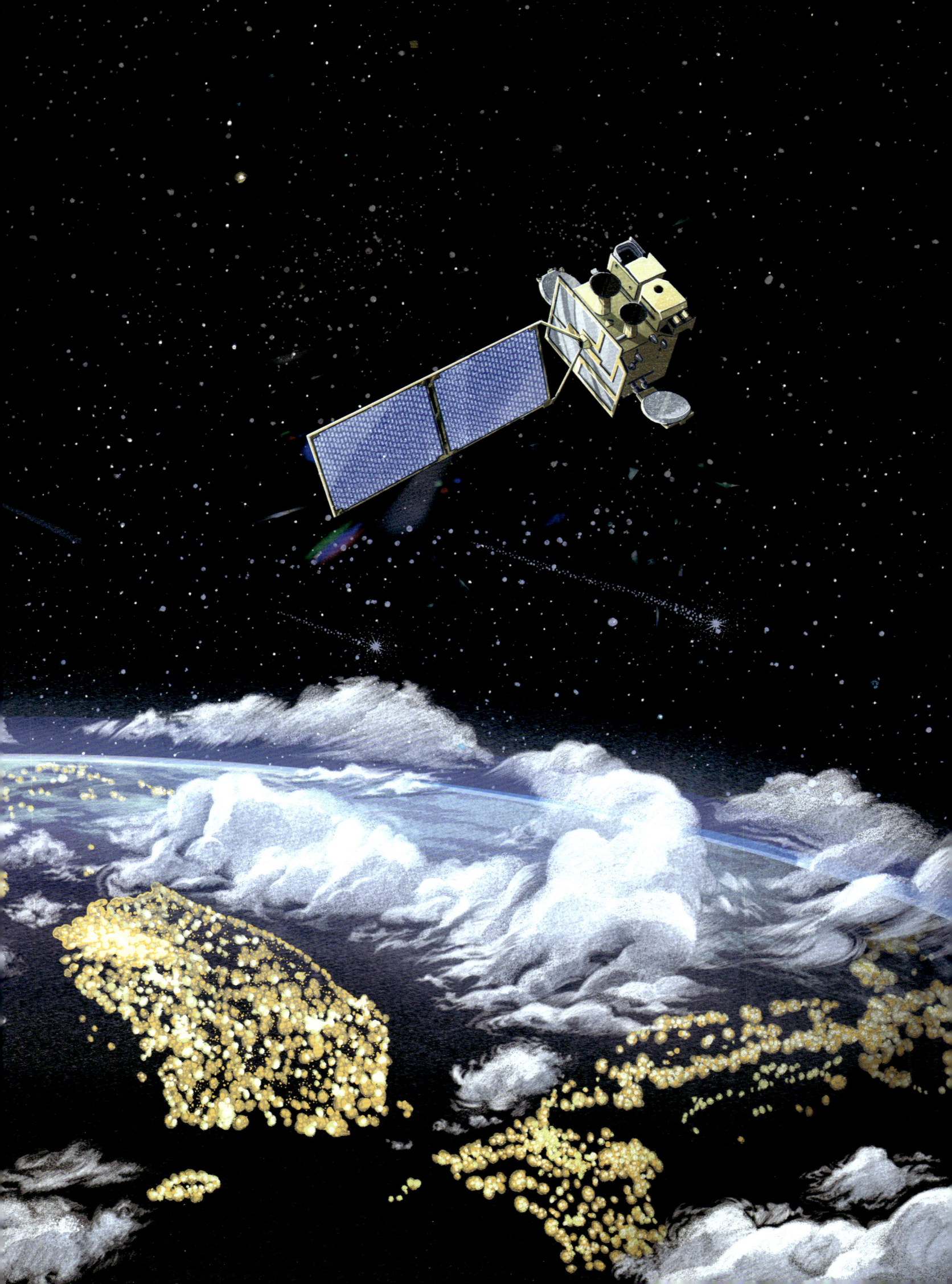

구돌(9dol Rion) 글

대학에서 사진을 전공하고 졸업 후 2년 반 동안 배낭여행을 다녔습니다. 여행을 마치고 인도에서 살다가 한국으로 돌아왔습니다. 2021년 《국경》에 글을 썼고, 2022년 《일곱 할머니와 놀이터》를 출간했습니다. 독립출판으로는 《장벽을 넘는 법》을 만들었습니다. 인생에서 만나는 벽과 실제 장벽을 넘는 여덟 가지 방법을 담은 책입니다. 2021년에 한국출판문화상과 황금도깨비상을 받았고, 2023년 대만 오픈북 좋은책상, 2015년 한국안데르센상(동시 부문), 2025년에 프랑스 소시에르상을 수상했습니다. 현재 서울에서 활동하고 있습니다.

인스타그램 : @gudolrion

해랑 그림

한국의 일러스트레이터이자 독립출판 작가로 활동 중인 해랑은 자연과 여행, 관계에서 포착되는 생소한 감각에서 창작의 동기를 얻습니다. 아동문학 분야에서 《국경》, 《기소영의 친구들》, 《물 요정의 숲》, 《들개왕》 들에 그림을 그렸고, 다수의 문학 작품을 위한 표지 일러스트를 작업하며 다양한 프로젝트에 참여하고 있습니다. 독립출판물 《AURORA TRAVELOG》, 《텡게르-27일간의 몽골》을 시작으로 이미지 중심의 아트북을 기획하고 있습니다. 2023년 대만 오픈북 좋은책상, 2025년에 프랑스 소시에르상을 수상했습니다.

웹사이트: haerang.myportfolio.com
인스타그램: @space_radiation

지식곰곰 07

국경

ⓒ 구돌, 해랑, 2021

초판 1쇄 발행 2021년 10월 11일 | 초판 7쇄 발행 2025년 4월 18일
ISBN 979-11-5836-267-6, 978-89-93242-95-9(세트)

펴낸이 임선희 | 펴낸곳 ㈜책읽는곰 | 출판등록 제2017-000301호 | 주소 서울시 마포구 성지길 48 | 전화 02-332-2672~3 팩스 02-338-2672 | 홈페이지 www.bearbooks.co.kr | 전자우편 bear@bearbooks.co.kr | SNS Instagram@bearbooks_publishers | 편집 우지영, 우진영, 이다정, 최아라, 박혜진, 김다예, 윤주영, 도아라, 홍은채 | 디자인 강효진, 김은지, 강연지, 윤금비 | 마케팅 정승호, 배현석, 김선아, 이서윤, 백경희, 김현정 | 경영관리 고성림, 이민종 | 저작권 민유리 | 협력업체 이피에스, 두성피앤엘, 월드페이퍼, 원방드라이보드, 해인문화사, 으뜸래핑, 문화유통북스

이 책은 저작권법에 따라 보호받는 저작물이므로 무단 전재와 무단 복제를 금합니다.
이 책 내용의 전부 또는 일부를 사용하시려면 반드시 저작권자와 출판사의 동의를 얻어야 합니다.

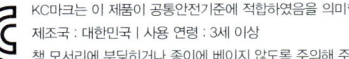

KC마크는 이 제품이 공통안전기준에 적합하였음을 의미합니다.
제조국 : 대한민국 | 사용 연령 : 3세 이상
책 모서리에 부딪히거나 종이에 베이지 않도록 주의해 주세요.